现代人物画小品精粹

顾青蛟

写意仕女选

GU QING JIAO XIE YI SHI NU XUAN

海峡出版发行集团
THE STRAITS PUBLISHING & DISTRIBUTING GROUP | 福建美术出版社
FUJIAN FINE ARTS PUBLISHING HOUSE

图书在版编目（CIP）数据

现代人物画小品精粹．顾青蛟写意仕女选 / 顾青蛟
著．-- 福州：福建美术出版社，2020.8
ISBN 978-7-5393-4119-4

Ⅰ．①现… Ⅱ．①顾… Ⅲ．①意笔人物画－作品集－
中国－现代 Ⅳ．① J222.7

中国版本图书馆 CIP 数据核字（2020）第 153624 号

出 版 人：郭　武
责任编辑：沈华琼　郑　婧
出版发行：福建美术出版社
社　　址：福州市东水路 76 号 16 层
邮　　编：350001
网　　址：http://www.fjmscbs.cn
服务热线：0591-87669853（发行部）　87533718（总编办）
经　　销：福建新华发行（集团）有限责任公司
印　　刷：福建省金盾彩色印刷有限公司
开　　本：787 毫米 ×1092 毫米　1/12
印　　张：5
版　　次：2020 年 8 月第 1 版
印　　次：2020 年 8 月第 1 次印刷
书　　号：ISBN 978-7-5393-4119-4
定　　价：48.00 元

顾青蛟　1948 年生，国家一级美术师，中国美术家协会会员。江苏省花鸟画研究会副会长，江苏省中国画学会理事，无锡花鸟画研究会会长，无锡市美术家协会艺术顾问，无锡市书画院专职画师。

唤狸奴　68cm×45cm

祝寿图　　68cm×45cm

华林满芳景　68cm×45cm

华浓　68cm×45cm

安向松庭觅小诗　68cm×45cm

我欲吹箫明月下　68cm×68cm

人心如良苗　42cm×42cm

红豆生南国　42cm×42cm

越女持翎图　56cm×42cm

摘枝天竹作插花　56cm×42cm

10

佳人倚石图　56cm×42cm

书卷多情似故人　56cm×42cm

娇慵倚依　68cm×45cm

天竹瓶案　68cm×45cm

沉鱼　90cm×34cm

落雁　90cm×34cm

闭月　90cm×34cm

羞花　90cm×34cm

一丛婵娟色　68cm×68cm

黑白参差云雨颠　68cm×68cm

值春景初融　42cm×42cm

吾心似秋月　42cm×42cm

静思　68cm×68cm

皓腕约金环　　68cm×45cm

幽蘭芳草田眸睇媚芝婉媚山明月
蓋目眇兮眉都翠巧嗽倩兮菜吹笙
歲次庚辰春肖妙寶如勤芳寫之南郊

巧笑倩兮若吹笙　　68cm×68cm

怀猧图　68cm×45cm

枫叶醉红秋色里　68cm×45cm

品味鲜果图　68cm×45cm

梅园诗思　42cm×42cm

翩翩舞　42cm×42cm

邀勒春风　68cm×45cm

绰约逸态　68cm×68cm

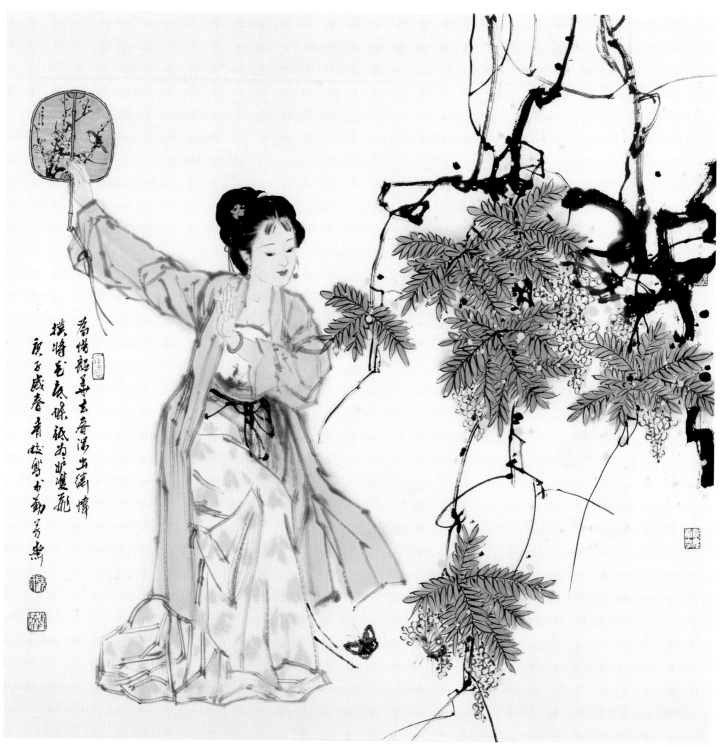

扑蝶　68cm×68cm

解将颜色醉相仍　68cm×68cm

整鬟飘袖野风香　42cm×42cm

寻芳步幽庭　　42cm×42cm

抚琴图　68cm×68cm

霜叶红于二月花　68cm×68cm

嫣然欲笑媚东墙　136cm×34cm　　　饲鹿图　136cm×34cm

松荫稍息好忘机　136cm×34cm　　　　　花道　136cm×34cm

醉花荫　68cm×68cm

猧儿伴凤鸟　68cm × 45cm

芳姿照水　42cm×42cm

腹有诗书气自华　42cm×42cm

春风流美人　56cm×42cm

抚阮图　56cm×42cm

推窗时有蝶飞来　56cm×42cm

花正芳　56cm×42cm

心思如意图　68cm×45cm

薛涛笺　68cm×45cm

松风长似鸣琴声　42cm×42cm

斜倚秀石鬓鬟偏　42cm×42cm

一面新妆待晓风　68cm×45cm

惟遣一枝芳　68cm×45cm

金红闹似镜半绿差少些道路田风力清香病西东绿多周咏远诗以喻建二更庚子春庸态写书勤寻燕芹苑

清香满面　68cm×45cm

一枝红艳露凝香　68cm×45cm

空杯也许更芬芳　42cm×42cm

闲阶独倚梧桐　42cm×42cm

灵园同佳丽 出山方奇质 摩挲采久磨鲜
含承画栉宝 长闭微名隐 专使孤挑出
南朝沈约诗

庚午夏月 青松鹤录勒芳华

石榴红了　68cm×68cm

茶禅　68cm×68cm

窗竹影摇书案上　56cm×42cm

戏猧图　56cm×42cm

晴窗细乳戏分茶　56cm×42cm

闲息碧石卧听松　56cm×42cm

前村树密雨纤纤　42cm×42cm